Heinz Udo Brenk

GNMPFF – SONGS

Vierzehn musikalische Handarbeiten

Mit Gitarrenakkorden und arrangiert für dreistimmigen Gesang

Bibliografische Information der Deutschen Nationalbibliothek:
Die Deutsche Nationalbibliothek verzeichnet diese Publikation in der Deutschen Nationalbibliografie; detaillierte bibliografische Daten sind im Internet über dnb.dnb.de abrufbar.

Titelbild: Heinz Udo Brenk; Titelfigur des Buches „GNMPFF – Gespräche mit einem überaus talentierten Besserwisser über Alles und Nichts"; BoD; 246 Seiten mit 24 ganzseitigen farbigen Abbildungen, Norderstedt 2022; 29,99 €; ISBN: 978-3-7562-0047-4

Herstellung und Verlag:

BoD – Books on Demand, Norderstedt

ISBN: 9783756294077

VORWORT

Ein Liederbuch nur mit eigenen Kreationen – das ist irgendetwas zwischen Übermut und Überheblichkeit. Es gibt weitaus begabtere Texter mit außerordentlichen literarischen Fähigkeiten sowie zahllose begnadete und trotzdem völlig unbekannt gebliebene Musiker, die das Komponieren und Arrangieren studiert haben. Mit denen kann und will ich mich natürlich weder vergleichen, erst recht nicht messen. Daneben kann man aber auch von etlichen sehr berühmten Musikschaffenden berichten, die nie gelernt haben, Noten zu lesen oder zu schreiben. Paul McCartney hat sogar ohne diese Fähigkeiten ein ganzes Oratorium verfasst. Luciano Pavarottis Weltkarriere wurde durch diesen Mangel in keiner Weise behindert.

Geschrieben habe ich immer schon, manchmal Gedichte, gelegentlich Prosa und eben hin und wieder auch Lieder. Zwangsläufig mussten diese schlichteste Melodien haben, weil meine Fähigkeiten auf der Gitarre keine komplizierteren Strukturen ermöglichten. Manchmal flogen Reime mir einfach zu, andere wurden mühsam erarbeitet. Mitunter entstanden Texte auch während Klassenarbeitsaufsichten. Wenn Klassen und Kurse nur wüssten, wie unendlich langweilig solche Stunden sind!

Die Sorge vor den Reaktionen meiner Umwelt führte dazu, dass das meiste im Fundus der Erinnerungen verschwand und womöglich nie wieder daraus hervorgekramt worden wäre. Aber dann habe ich Notenschreibprogramme entdeckt. Plötzlich konnte ich meine eigenen Ideen hörbar machen und sogar mit Harmoniegesang versehen. Und siehe da – manches war gar nicht einmal so schlecht! Was man mit dem PC zum Klingen bringen kann, sind allerdings lediglich seelenlose, elektronische, aneinandergereihte Töne. Mir haben sie dabei geholfen, Harmonien zu finden und zu überprüfen. Den Charakter, die Färbung können die Maschinen nicht spiegeln. Sollte trotz aller Mängel jemand Interesse daran haben, diese Dateien zu hören, kann er/sie sich gerne an mich wenden. Ich schicke dann gegen Erstattung der Unkosten eine CD zu.

Einer Versuchung habe ich widerstanden. Eine Versuchung, der viele Künstler erliegen. Damit will ich mich weder in diesen erlauchten Kreis emporschwingen, noch Kritik an deren Vorgehen äußern. Es ist sehr verführerisch, an eigenen Arbeiten herum zu korrigieren, wenn man sie Jahre später in die Hand nimmt. Peter Kraus hat alle seine Erfolge aus den 50er und 60er Jahren vor der Jahrtausendwende neu eingespielt, Cat Stevens tat es und viele, viele andere ebenso. Das kam für mich nicht infrage. Selbst dann nicht, wenn mit einigem Abstand deutlich wird, wie übermäßig pathetisch oder dümmlich manche Zeile im Rückblick wirkt. Aber es sind eben Zeitdokumente, Zeugnisse einer bestimmten Situation, Laune, Erfahrung, Lebensphase. Und so sollen sie auch bestehen bleiben. Trotz allem. Auch wenn es peinlich ist.

Zu jedem Text wird in einer kleinen Einleitung berichtet, woher die Ideen stammen, welche Vorbilder eingeflossen sind oder wann und wo er entstand, jedenfalls soweit mir dies in

Erinnerung geblieben ist. Bei einigen Songs konnte ich mich nicht mit Hinweisen zur Umsetzung zurückhalten.

Üblicherweise werden Noten mit drei Namen versehen, dem des Lyrikers, des Komponisten und des Rechteinhabers. Da in Personalunion alle drei Funktionen von mir übernommen werden, kann bei allen vierzehn Kapiteln jegliche Namensnennung entfallen.

Bruce Springsteen und Bob Dylan haben gerade für viele Millionen ihre Rechte an Musikverlage verkauft. An mich ist bislang leider noch kein Verlag herangetreten, obwohl ich ganz bestimmt schon mit weniger exorbitanten Summen zufrieden wäre. Sollten sich noch Interessenten melden, bin ich gesprächsbereit.

Eine Anmerkung zum Layout. Die Lyrics unter den Noten sind außerordentlich klein. Das stört die Lesbarkeit, war aber eine rein finanzielle Abwägung. Jede Vergrößerung hätte den Seitenumfang beträchtlich vermehrt. Da die Texte jeweils vor den Noten größer und im Zusammenhang erscheinen, schien mir dieser Nachteil akzeptabel zu sein.

Dortmund, August 2022

H.U. Brenk

„Das Ziel ist, zu versuchen, den perfekten Song zu schreiben. Was natürlich niemals gelingen wird.“
Chris Martin

„Einen falschen Ton zu spielen ist nicht bemerkenswert. Ohne Leidenschaft zu spielen ist unentschuldbar.“
Ludwig van Beethoven

„Musik ist höhere Offenbarung als alle Weisheit und Philosophie.“
Ludwig van Beethoven

INHALTSVERZEICHNIS

Das Fußballspiel

Angefangen hatte es mit Status Quo. Diese von mir lange Zeit unterschätzte Boogie-Kapelle hatte 1979 einen ihrer größten Erfolge mit „Whatever You Want". Unter echten Rockfans galt die Band als uncool, zu simpel und zu hitorientiert. Dabei kann man ihre solide Handarbeit nicht hoch genug bewerten und insbesondere Francis Rossi liefert saubere Gitarrensoli ab. Der Song wurde vom zweiten Gitarristen Rick Parfitt in Kooperation mit Andy Bown verfasst. Letztgenannter spielt Keyboards, Gitarre und Mundharmonika, gründete die 60er Hitcombo The Herd mit Peter Frampton, spielte bei Pink Floyds The-Wall-Tournee und ist seit 1982 Vollmitglied bei Status Quo.

„Whatever You Want" ist bis heute einer der absoluten Höhepunkte jeder Liveshow dieser englischen Band und wird von den ekstatischen Fans mit den ersten beiden Akkorden sofort identifiziert. Der Wechsel zwischen Dsus4 und D macht den Song unverwechselbar.

Genauso fängt „Das Fußballspiel" an, auch dem rhythmischen Fluss des Liedes wollte ich folgen, allerdings zwang eine gänzlich andere Textidee dann doch zum Verlassen der Akkordfolge. Entstanden circa 2002 stellt es den Versuch dar, etwa im Stil der frühen, humorigen Lyrics des Reinhard Mey eine dörfliche Szene zu beschreiben. Und wie bei Mey musste ich sehr üben, die schnellgesungenen Textstellen wirklich in den Takten unterzubringen. Liedermachertradition spiegelt sich auch im Schema Strophe / Strophe / Break / Strophe / Break / Strophe, nur die Bluescoda passt nicht. Und wegen dieser Nähe zu den deutschen Liedermachern fehlt hier auch das mehrstimmige Arrangement.

Jeden Sonntag nach der Messe und dem letzten Ausgangslied
sieht man wie der Jupp Koslowski mit dem Karl zum Sportplatz zieht.
Unterwegs in einer Kneipe wird noch schnell ein Bier gekippt,
denn im letzten Spiel hat Jupp 'ne klare Torchance glatt versiebt.
Am Feld warten Fritz und Aki und Rick,
im Tor steht Kurt Schmitz, der ist furchtlos und dick.
Denn zum Spitzenspiel der Liga lädt der katholische Sportverein
aus dem Dorf von nebenan die evangelische Fußballmannschaft ein.

Im Vereinshaus an der Ecke, langsam wächst Nervosität,
und der Flachmann macht die Runde, Spannung voll Intensität.
Keiner wagt auch nur zu flüstern, denn der Trainer referiert,
wie der Gegner heut totsicher dieses Schicksalsspiel verliert.
Dann geht es ins Spiel, total motiviert,
vor Augen das Ziel, hoch konzentriert.
Kurt, der Torwart, steht im Kasten, doch als Libero davor,
mit besond'rem Schutz von oben, steht der ehrwürd'ge Herr Pastor.

Dann ist Anpfiff, es geht hin und her,
den genauen Spielstand weiß bald keiner mehr.
Rote Karte, Fritz kriegt einen Platzverweis
wegen Meckerns, und der Pastor fällt vor Wut und Zorn auf seinen Steiß.
Jedes Spiel hat seinen Preis.

Leider sind die Protestanten nicht so schlecht wie mancher denkt,
und der Stürmer Jupp hat heute keinen Ball im Tor versenkt.
Für Kurt Schmitz in seinem Kasten ist es ganz besonders schwer.
Schon drei Tore für den Gegner, das macht keine Freude mehr.
Und dann ist`s vorbei, die Spielzeit ist um,
es steht Null zu Drei, und Jupp schaut nur dumm
auf die Uhr. Dann laufen alle zu den Duschen hinterm Tor,
denn die Nachspielzeit am Tresen, die steht allen noch bevor.

Dann ist Anstich, es geht hin und her.
Was getrunken wurde weiß bald keiner mehr.
Selbst den Gegner lädt man jetzt zum Trinken ein
auf einen Magenbitter, einen Korn, ein Bier, wenn`s sein muss ein Glas Wein –
so viel Fairness muss schon sein!

Dann am Abend sieht man wie der Jupp den Karl nach Hause bringt,
aber erst nachdem er schnell mit Paul und Kurt noch einen trinkt.
Keiner kann mehr grade stehen, aber jeder weiß exakt,
wie man nächstes Mal den Gegner mit zwei Toren Abstand packt.
Und allen ist klar: der Schiri war schuld,
denn der ist Vikar und hat keine Geduld.
Er hat das Spiel zu früh beendet und der Gegner hat gesiegt.
Geschieht ihm recht, dass er zur Strafe jetzt – unterm Tresen liegt.

„Meine Frau sagt, sie erkennt ein Riff der Rolling Stones sofort an den klassischen drei Akkorden. Sehr schön, sag` ich dazu, aber viel zu aufwendig."
Angus Young

Das Fußballspiel

„Lieder sind immer nur so traurig wie ihre Zuhörer."
Jonathan Safran Foer

Alles vergeht

Einer der Versuche aus jüngerer Zeit. Ein neuer Arbeitskollege mit Bühnenerfahrung aber ohne instrumentale Vorkenntnisse hatte angefangen, Gitarre zu üben, und wir verabredeten uns zum gemeinsamen Praktizieren. Dabei verständigten wir uns bald, nur noch eigene Stücke zu spielen, und so entstand „Alles vergeht" als einer meiner Beiträge dazu.

Wie so oft ist zu viel hineingepackt worden. Im verzweifelten Bemühen, nicht zu oberflächlich zu bleiben, schießt man allzu leicht übers Ziel hinaus und möchte gleich die Welt retten. Jugendlichem Überschwang könnte man so etwas verzeihen, leider lässt sich das mit meinem Alter nicht in Übereinstimmung bringen.

Am besten wird dieser ¾-Rhythmus recht flott gespielt. Die typischen Bluesakkorde E-Dur, A-Dur und H-Dur lassen sich mit Barrégriffen leicht und vollklingend auf der Gitarre verschieben. So ist es gedacht - als schneller, satt klingender Walzer.

Man müht sich, man rackert, man schafft Zeit seines Lebens.
Doch irgendwann sieht man dann ein, es war alles vergebens.
Für`s Vaterland, Geld, die Familie, für Gottes Lohn.
Für Ruhm und Ehre oder nur für die Reputation.
Für den eigenen Stolz, für den Glauben an ein Ideal.
Niemand hat Schuld – man hat immer die Wahl!
Man nutzt seine Gaben in Bildern und Farben,
man sucht Harmonien und schreibt Melodien,
spricht wichtige Worte, besucht viele Orte,
und was man auch treibt, man tut`s nur, dass was bleibt.

Und manchmal, da glaubt man, da steht ein wirklicher Held.
Ein Traum aus der Jugend, ein Vorbild, aus einer anderen Welt.
Wisst ihr noch…?, fragt man, doch niemand, der das versteht.
Und man sieht hilflos zu, wie der Traum aus der Jugend vergeht.
Es muss sie doch geben, was bleibt sonst im Leben?
Denn ohne die Klugen gerät die Welt aus den Fugen.
Ohne Gladiatoren ist alles verloren.
Doch wie man auch bettelt und fleht – alles vergeht.

Man träumt und man lebt und man wartet und hofft jeden Tag.

Nichts hält den Wandel, keine Sekunde, keinen Wimpernschlag.

Du kannst schalten und walten und kannst doch nichts halten.

Und sparen und raffen, du wirst es nicht schaffen.

Und opfern und geben, selbst das eigene Leben.

Völlig verzagen oder Gott verklagen.

Liebe den Nächsten und bete zum Höchsten.

Glaub` ans Böse, den Teufel, oder hab` deine Zweifel.

Schreie und klage bis ans Ende der Tage.

Doch wie man`s auch wendet und dreht – es ist zu spät.

„Das Notwendigste und das Härteste und die Hauptsache in der Musik ist das Tempo."
Wolfgang Amadeus Mozart

Alles vergeht

Intro und zwischen den Strophen: Zweimal H H H HAHE E E EEA

13

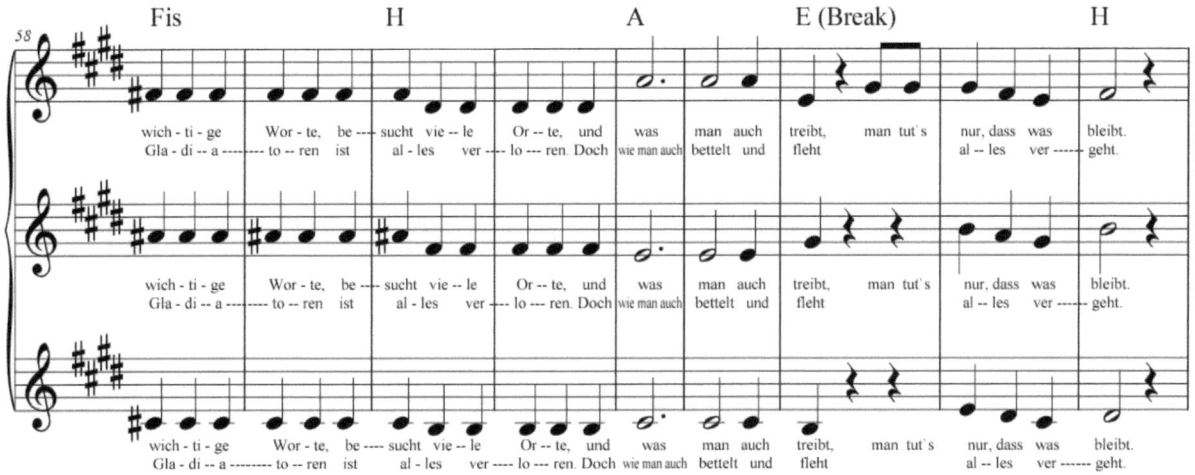

15

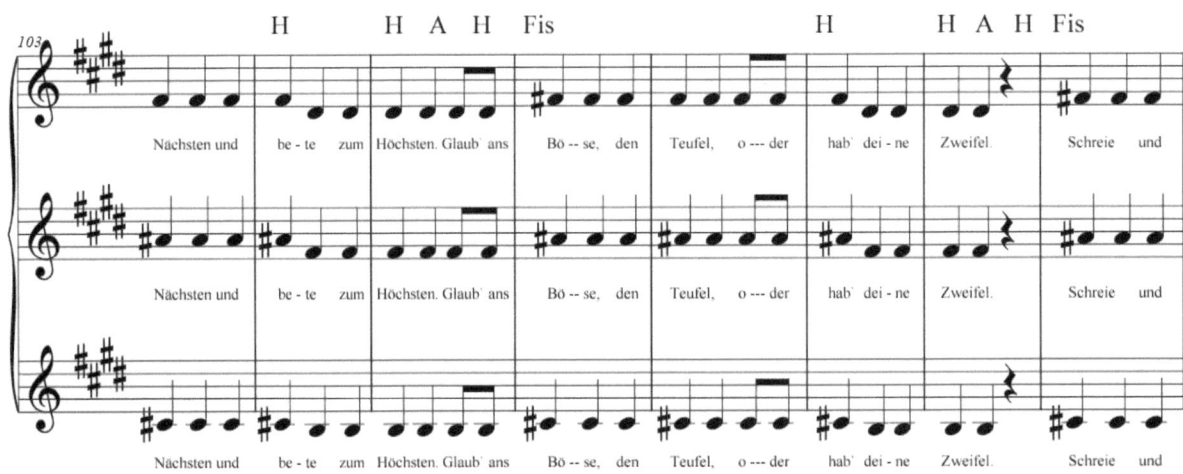

„Die Musik spricht für sich allein. Vorausgesetzt, wir geben ihr eine Chance.“
Yehudi Menuhin

Die Skulptur

Manchmal kann es einen an den Rand der Verzweiflung bringen. Oder es geht nur mir so und ist auf Minderbegabung zurückzuführen. Aber vielleicht empfindet es der ein oder andere doch genauso. Egal was man tut – das Ergebnis ist immer ein anderes als das, was in der Vorstellung existierte. Ob es ein gemaltes Bild ist, ein geschriebener Text, eine Heimwerkerarbeit - manchmal merkt man sogar während einer Unterhaltung, dass das gesprochene Wort gar nicht hundertprozentig die eigenen Gedanken spiegelt. Alles scheint während des Entstehungsprozesses ein Eigenleben zu entwickeln.

Dafür gibt es eine Vorlage aus der griechischen Mythologie, nämlich die Pygmalionsage. Laut Ovid hat sich der Künstler Pygmalion in eine von ihm selbst erschaffene Statue verliebt, die nach und nach lebendig wurde, so dass ihr Schöpfer schließlich sogar eine Tochter mit ihr gezeugt hat. Ovid baute vielerlei Hintergründe in seine um das Jahr der Geburt Christi entstandene Schilderung ein. Die Idee allerdings hatte er von dem zweihundert Jahre früher tätigen Schriftsteller Philostephanos übernommen, und selbst bei diesem ist nicht klar, ob er nicht auch nur noch ältere Werke zitierte.

Die Prog-Rock-Gruppe Yes gehörte schon immer zu meinen absoluten Lieblingsformationen. Eine ihrer Veröffentlichungen, die mich sehr beeindruckt hat, war das Album „Going For The One" von 1977, insbesondere das darauf enthaltene Stück „Turn Of The Century", das bei mir unmittelbar eine Assoziation mit dem Pygmalionmythos auslöste. Daraufhin schrieb ich den Text, also bereits sehr früh und lange bevor ich an eine Vertonung dachte. Sehr viel später ging aus spielerischen Versuchen an der Gitarre eine Akkordfolge hervor, vom D-Dur im 14. Bund bis auf das offene G-Dur zu kommen. Ein perfektes Intro, wie ich fand, nur für welches Lied? Der Yessong klingt mystisch, lebt von Steve Howes exzellentem Gitarrenspiel und Jon Andersons unvergleichlicher Stimme, mein Intro hingegen leitet eine fast rockige Melodie ein. Aber überraschender Weise passen Text und Komposition zusammen, und so erhielt das alte Gedicht nach über vierzig Jahren doch noch Noten.

Er malt die Gedanken in kaltes Gestein
mit glühendem Meißel aus Stahl.
Sein Blut, seine Seele fließen hinein,
er zögert kein einziges Mal.
Er meißelt und beitelt und langsam und bald
entsteht aus Gestein die zarte Gestalt.

Er bringt unter Tränen die Arbeit voran
und fürchtet das eigene Ziel.
„Was hab ich geschaffen, was hab ich getan?
Ich schaffe nicht das, was ich will!"
Und schöner als je er vorhergeseh`n
sieht er die Gestalt aus dem Stein ersteh`n.

Und was man auch tut, was immer man sieht,
wonach man sich sehnt, wie man sich bemüht,
wohin man auch kommt, wonach man auch strebt –
alles hat Leben so lange man lebt.

Ein Körper so kalt, eine Seele aus Stein,
und dennoch – sie atmet, sie spricht.
Er hauchte ihr all seine Leidenschaft ein,
er sieht sich in ihrem Gesicht.
Viel schöner als je er sich ausgedacht
ist Leben aus kaltem Gestein erwacht.

Und was man auch sagt, wohin man auch geht,
wie man sich bekennt, und wo man auch steht,
und was man verhindert und was man versteht,
alles hat Seele so lange man lebt.

Er brachte mit Schmerzen die Arbeit voran
mit Furcht vor dem eigenen Ziel.
Erschöpft und doch dankbar schaut er sie an –
das Werk wird nie so wie man will.
Viel schöner als alles, was er je erfand
steht sie vor ihm und hebt wie zum Gruß ihre Hand.

„Alle Musik ist Volksmusik. Ich habe noch nie ein Pferd ein Lied singen hören."
Louis Armstrong

Die Skulptur

„Mensch – ein Lebewesen, das klopft, schlechte Musik macht und seinen Hund bellen lässt. Manchmal gibt er auch Ruhe, aber dann ist er tot."
Kurt Tucholsky

Die Sau ist tot

Paul McCartney erzählt gerne die Geschichte, wie „Yesterday" entstand. Er habe die Melodie geträumt und als er wach wurde schnell notiert. Da noch keine Worte existierten, habe er vorübergehend den Titel „Scrambled Eggs" gewählt. Eine schöne Geschichte und sehr ähnlich der, die Keith Richards zur Entstehung des Riffs von „Satisfaction" berichtet.

Es sind gut dreißig Jahre vergangen, seit diese Schlachtfestidee mir auf die gleiche Weise passierte. Tatsächlich über Nacht. Ich wurde noch vor Tagesanbruch wach und konnte mich sehr genau an das gerade Geträumte erinnern, was, wie jeder weiß, nicht selbstverständlich ist. Ich saß mit meinen Mitmusikern in einem Gasthaus in einem Dorf irgendwo in der Soester Börde, es wurde gesungen und gezecht, denn alle Trunkenbolde im Raum waren ebenfalls Teilnehmer an einem Wettbewerb unter Barden. Das ganze spielte sich mehrere Jahrhunderte vor unserer Zeit ab und ich war voller Sorge, ob meine Gruppe gegen so starke Konkurrenz bestehen könnte. Unser Lied war fertig, es beschrieb ein dörfliches Schlachtfest mit anschließender Feier. Als ich unwillig aufwachte, weil ich mich lieber wieder in dieses Gasthausgetümmel stürzen wollte, hatte ich Melodie und Text im Kopf und ging sofort in mein Arbeitszimmer, um alles aufzuschreiben. Danach schlief ich weiter.

An diesen Notizen musste ich in den folgenden Tagen nur sehr wenig ändern, im Wesentlichen blieb alles erhalten. Zu der Zeit trafen wir uns mit vier Gleichgesinnten zum Singen, zwei Gitarren und vier Stimmen, eine kleine Band also, die sich „BUCH" nannte, nach den Anfangsbuchstaben unserer Vornamen. Sogar zu kleinen Auftritten etwa in der örtlichen Bibliothek haben wir es gebracht. Diesen Mitstreitern habe ich meinen Traum natürlich vorgestellt. Etwas widerstrebend haben sie sich sogar überreden lassen, es einmal zu probieren, aber zur Aufführungsreife ist es nie gekommen. So verschwand auch die tote Sau in der Schublade der unbenutzten Einfälle, bis ich endlich in der Lage war, mit Hilfe der Notenschreibprogramme den Satzgesang selber zu komponieren und mir auch anzuhören. Was soll ich sagen? In aller Bescheidenheit – ich bin noch immer stolz darauf.

Die Sau ist tot, die Sau ist tot, schenkt eure Gläser ein!
Nehmt euch ein Stück vom frischen Brot und trinkt vom schweren Wein.
Der Schlachter hat sein Werk getan, wäscht seine Messer rein.
Der Lehrling fegt die Stube aus und sägt die Knochen klein.

Den Haken schlagt im Schinken ein, hängt ihn zum Räuchern aus.
Die Leber schneidet trefflich fein, macht eine Wurst daraus.
Dann geht im ganzen Dorf herum, lasst keinen Nachbarn aus.
Und ladet sie zum Schlachtfest ein ins reich geschmückte Haus.

Ganz köstlich schmeckt das Griebenschmalz, das man in Schälchen reicht.
Bestreut`s mit Pfeffer und mit Salz, wenn ihr`s auf Brot verstreicht.
Und nehmt auch reichlich Möpkenbrot, dazu vom Korn vielleicht.
Dem Amtmann gießt nur reichlich ein, wenn er die Waage eicht.

Gebt Blutwurst an die Nachbarschaft und Sülze dem Pastor.
Vorzüglich mundet Hopfensaft, drum holt die Fässer vor.
Die Musiker sind auch schon da, sie ziehn herein durchs Tor.
Und in die sternenklare Nacht steigt der Gesang empor.

Am nächsten Morgen kräht der Hahn und draußen wird es klar.
Die Gäste zieh`n die Mäntel an, das Fest war wunderbar.
Der Pastor liegt noch unterm Tisch, daneben der Vikar.
Und gibt's ein Schlachtfest irgendwo sind alle wieder da.

„Ich halte viel von Beethoven. Vor allem von seinen Gedichten."
Ringo Starr

Die Sau ist tot

Nicht schuldig

Politisch korrekt ist das nicht. Vorhaltungen wie Machismo, Chauvinismus, Frauenverachtung würden allerdings voraussetzen, dass jemand die Worte für bare Münze nimmt. Aber das kann doch niemandem in den Sinn kommen! Dachte ich. Dann wurde mir jedoch genau all dies zum Vorwurf gemacht. Was tun? Alles ändern, so wie Pippi Langstrumpfs Vater heute nicht mehr Negerhäuptling im Taka-Tuka-Land sein darf? Marius Westernhagen hat ein Problem mit seinen größten Hits „Dicke" und „Mit Pfefferminz bin ich dein Prinz", weil im letzteren das Wort Neger vorkommt und das erste generell Minderheiten verachtend sei. Er hat beide Songs kürzlich neu eingespielt und gottlob die Texte nicht verändert. Die Zeiten ändern sich und es kann keinen Zweifel geben, dass die Genderdiskussion und die Ächtung von Sexismen etc. überfällig und notwendig waren. Deswegen aber rückwirkend einzugreifen in Bücher, Lieder, Theater, Mode und wo noch überall der Feind vermutet wird bedeutet, das Publikum für dumm zu verkaufen.

Langer Rede kurzer Sinn: „Nicht schuldig" ist kein integraler Bestandteil der Weltliteratur, nur ein belangloses, kleines Schlagerliedchen. Und es bleibt deshalb genauso, wie es entstanden ist. Übrigens vor etlichen Jahren während einer Klassenarbeitsaufsicht. Viele Gedichte und manche Karikatur von verzweifelt über Mathearbeiten brütenden Schülern sind in solchen Stunden entstanden. Vertont wurde es dann Jahre später nach einem 08/15 Rock`n-Roll Schema und für die Proben mit dem bereits erwähnten Kollegen als Eigengewächs verwendet.

Du trägst Jeans wie auf deinen Körper gemalt,
deine Stiefel nageln laut auf dem Asphalt.
Ein T-Shirt, das mehr zeigt, als es bedeckt,
in welchem Laden hast du bloß diesen Fummel entdeckt?

Dein Parfum ist ein Angriff auf den guten Geschmack,
du benutzt einen blutroten Nagellack.
Die langen Wimpern wie ein Spinnennetz –
für etwas wie dich braucht man extra ein Gesetz.

Nicht schuldig – ich hab keine Wahl.
Nicht schuldig – du beherrschst mich total.
Nicht schuldig – was machst du mit mir?
Ich kann gar nichts dafür.

Du trägst gold`ne Schleifen in deinem Haar,
bewegst dich wie ein Model auf dem Boulevard.
Was immer du trägst, es ist extravagant,
was immer du tust hat man vorher nicht gekannt.

Nicht schuldig...

Du trägst gold`ne Schleifen in deinem Haar,
bewegst dich wie ein Model auf dem Boulevard.
Was immer du trägst, es ist extravagant,
was immer du tust hat man vorher nicht gekannt.

Nicht schuldig – ich hab keine Wahl.
Nicht schuldig – du beherrschst mich total.
Nicht schuldig – was machst du mit mir?
Ich kann gar nichts dafür.

„Rock`n Roll - die brutalste, schrecklichste, verzweifeltste und bösartigste Ausdrucksform, die ich als Schande empfinde. Ich mag diese beschissene Musik, die Rock`n Roll genannt wird, nicht. Ich gebe ihr keine fünf Jahre Leben."
Frank Sinatra

Nicht schuldig

„Information ist nicht Wissen, Wissen ist nicht Weisheit, Weisheit ist nicht Wahrheit, Wahrheit ist nicht Schönheit, Schönheit ist nicht Liebe, Liebe ist nicht Musik, Musik ist das Beste."
Frank Zappa

Salat im Brillenetui

Die besten Einfälle passieren einfach. Und dieser ist genauso passiert. Während wir am Ende eines arbeitsreichen Tages zusammen sitzen und uns unterhalten, putzt meine Frau einen Kopf Salat. Dabei fällt schon einmal ein Blatt neben die Schüssel, zum Beispiel in das daneben geöffnet liegende Brillenetui. Was für ein wunderbarer Titel, dachte ich. Und dann ergaben sich die weiteren Zeilen fast von alleine. Eine unsinnige Idee folgte der anderen, es war fast wie das automatische Schreiben der Surrealisten oder ihr merkwürdiges Spiel „Cadavre Exquis", nur ohne jeden verzweifelten Versuch, damit irgendwelchen verschütteten Ebenen des Unterbewussten auf die Schliche zu kommen. Es war einfach Unsinn und wollte auch gar nichts anderes sein. Ein DADA-Text, und selbst das gibt ihm schon zu viel Relevanz.

Die Worte waren also schnell da, woher kommt eine Melodie? Ich habe schon immer die Fähigkeit von Keith Richards bewundert, eingängige, originelle Riffs zu erfinden, obwohl ich ansonsten ganz sicher kein Verehrer der Rolling Stones bin. Weniger ist mehr, je einfacher die Struktur, desto eingängiger der Song. Eric Clapton soll angeblich davon träumen, einmal einen Blues über nur einem Akkord zu schreiben.

Das sind nicht die einfachsten Bezugsgrößen. Natürlich ist dieses Riff nicht mit „Satisfaction" vergleichbar und es braucht auch mehr als nur einen Akkord – vier, um genau zu sein – aber es funktioniert und ergibt, immer schön mit Barrégriffen auf dem Gitarrenhals hin- und hergeschoben und teilweise abgedämpft, einen passablen Beat.

Ein Kletterfrosch im Glas ist fies,
und Tütensuppen schmecken mies,
und Snoopysocken sind nicht schick,
und Pommes/Mayo machen dick.
Die Diarrhoe   tut ganz schön weh,
doch nichts ist schrecklich wie –
Salat im Brillenetui.

Verdorb`nes Fleisch schlägt auf den Bauch
und Rosamunde Pilcher auch.
Ein Fleck auf einem weißen Hemd,
ein Reißverschluss, der immer klemmt.
Ein Polizist   weiß wo du bist,
doch nichts ist schrecklich wie –
Salat im Brillenetui.

Schwierigkeiten, Kompromisse,
schlechtes Essen, falsche Küsse,
Fernsehspiele, Hitparaden,
Deutschlands kleiner Horrorladen.
Thomas Gottschalk, Beckenbauer,
hinterher sind alle schlauer.
Doch das alles ist nicht wie –
Salat im Brillenetui.

Ganz Deutschland sucht den Superstar.
Die Inflation steigt Jahr für Jahr.
Die Wahrheit gibt es nur bedingt,
und alte Milch im Kühlschrank stinkt.
Der Günther Jauch,   der fragt sich auch:
Was ist so schrecklich wie –
Salat im Brillenetui?

Die Currywurst   macht großen Durst,
doch nichts ist furchtbar wie –
auf einer Pizza Brokkoli,
Karatefilme mit Bruce Lee,
die Regeln der Orthographie,
und lebenslang Monogamie,
der Klassenkampf der Bourgoisie – und:
Salat im Brillenetui.

„Worte sind Scheiße. Ich meine, alles ist schon gesagt worden. Worte sind nicht so wichtig
wie die Energie, die von der Musik ausgeht, vor allem live."
Kurt Cobain

Salat im Brillenetui

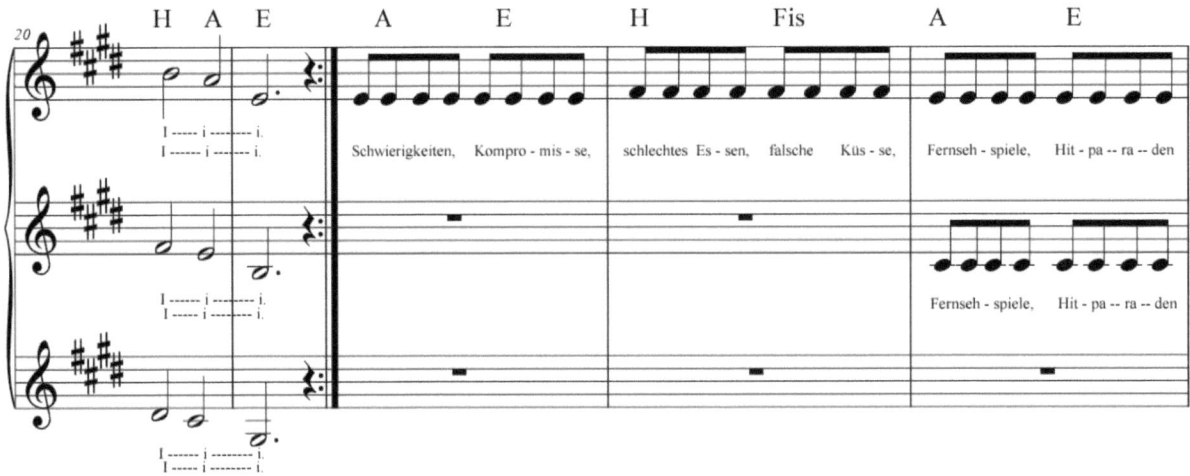

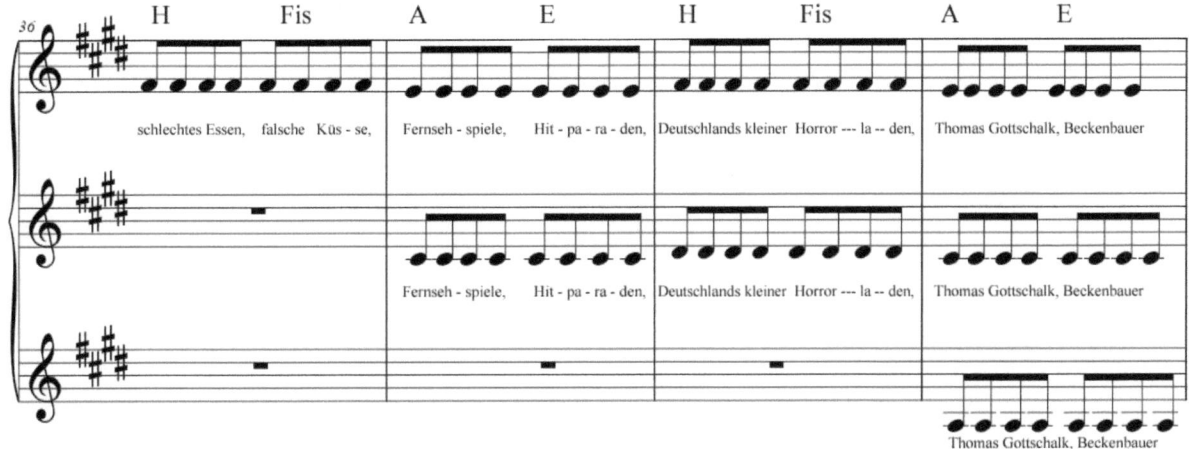

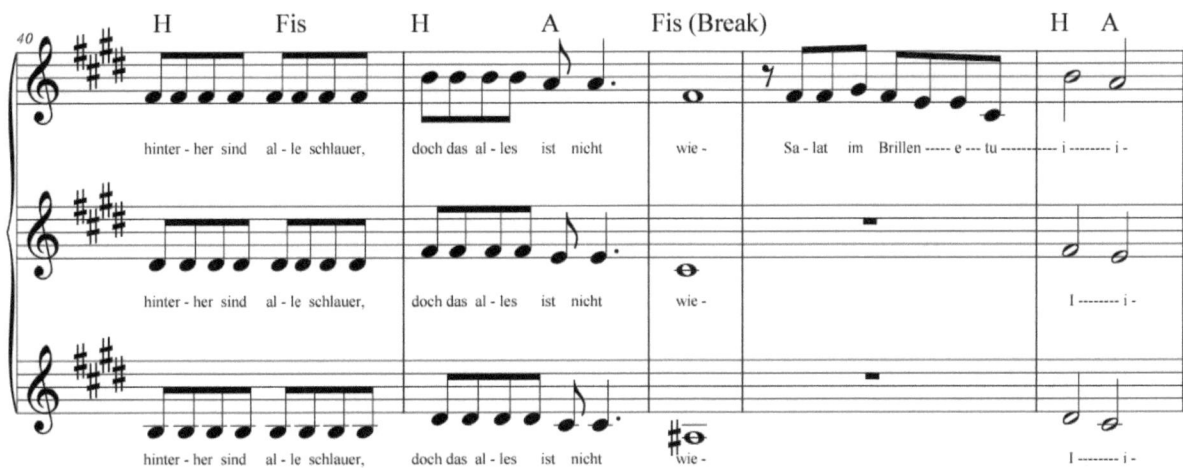

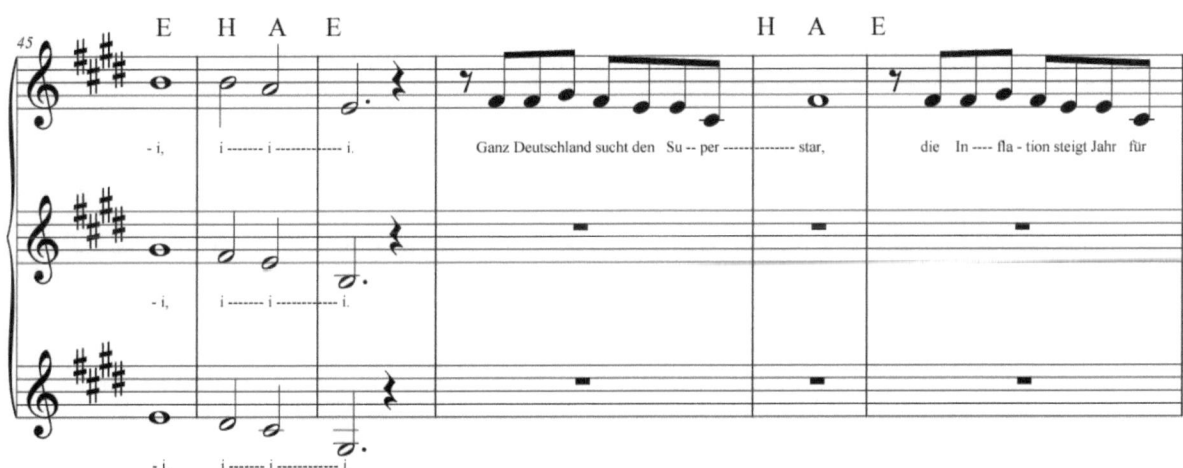

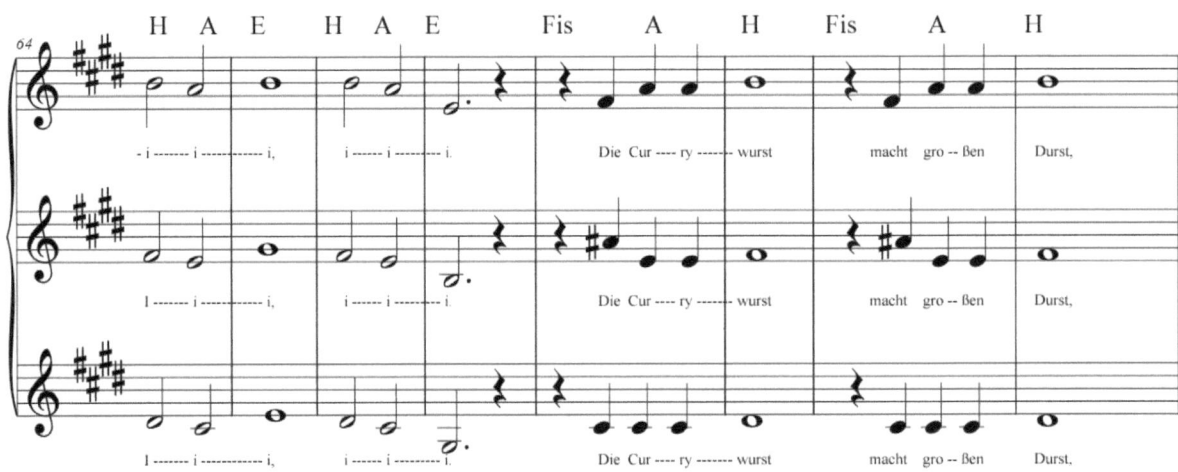

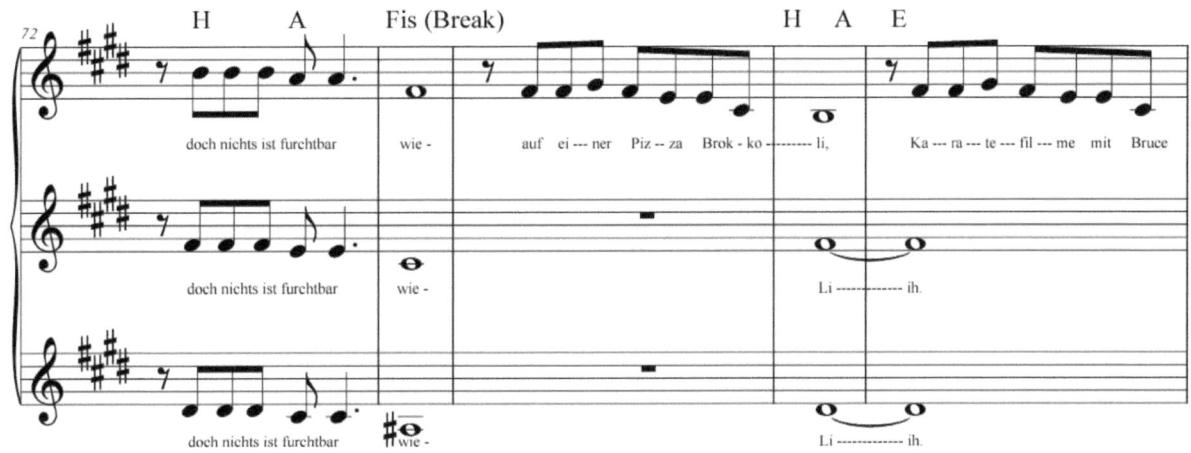

Abschiedslied

Das ist schwere Kost und sehr persönlich. 2010 verstarb mein Vater. Noch während seiner letzten Lebenswochen hatte ich angefangen, meine um ihn kreisenden Gedanken in Worte zu fassen. Und da ich in dieser Zeit von Gefühlen ziemlich überwältigt wurde, sahen die Verse auch genauso aus. Als er schließlich nicht mehr bei uns war, waren Text und Melodie fertig. Mit dem heutigen zeitlichen und emotionalen Abstand darf ich das selber nicht mehr beurteilen. Schon an anderer Stelle wurde betont, dass jedes Zeitzeugnis, also auch dieses ganz private, trotz aller später möglicherweise berechtigten Kritik, seinen Stellenwert hat und behält. Deshalb sollte es auch nicht überarbeitet werden.

Auf der Trauerfeier für meinen Vater habe ich die Gitarre genommen und dieses Lied gespielt. Singen konnte ich nicht, es wurde also ein reines Instrumentalstück. Selbst dabei musste ich mich sehr konzentrieren, um mich nicht von meinen Gefühlen überwältigen zu lassen.

Wie bei dem Thema kaum anders möglich, bauen sich über zwei Mollakkorden erst drei Bilder auf, in denen ich versucht habe zu beschreiben, welcher wichtige Halt mir durch diesen Verlust plötzlich fehlte. Fast wie in einer Suite schließt sich ein zweiter Teil an in der Art eines Zwiegespräches zwischen Vater und Sohn. Schließlich folgt noch das Finale, das deutlich geprägt ist von den Schlussakkorden des epochalen Werkes „Dark Side Of The Moon" der Gruppe Pink Floyd. „Eclipsed" ist eine unvergessliche Hymne, aus der sogar die Idee der wechselnden Betonungen stammt.

So sehr, wie ich die Musik dieser Gruppe mag, so sehr bewundere ich auch die großartigen Kriminalfilme Alfred Hitchcocks. Möglicherweise beides aus einem ähnlichen Grund. Daran ist nichts Hektisches, der Musik und den Geschichten, den Instrumenten und den Filmen wird Zeit gegeben, sich in Ruhe zu entwickeln. Man denke nur an die großartige Szene im Film „Der unsichtbare Dritte", als Cary Grant inmitten von Maisfeldern auf eine Verabredung wartet, die aber nicht kommt. Für derartig langatmige Erzählungen würde einem Regisseur heute vom Produzenten fristlos gekündigt. Genauso entwickelt sich Pink Floyds Musik. Wieviel Zeit vergeht, bis beim Intro von „Shine On You Crazy Diamond" die ersten Akkorde von Gilmours Gitarre zu hören sind!

Also soll auch das „Abschiedslied" sehr verhalten und langsam gespielt werden. Man lasse den ersten drei Strophen die nötige Zeit!

Stolz kreuzt das Schiff, das Banner flattert am Heck.
Die Segel im Wind, am Bug schäumt die Gischt übers Deck.
Es fährt schon seit langem, es fährt jedes Jahr,
es trotzt allen Wellen und jeder Gefahr.
Doch dann kommt ein Wetter und schutzlos trifft es das Schiff.
Es treibt hin und her und schließlich zerbirst es am Riff.

Ein großes Geweih auf sehniger, starker Gestalt.
Der Hirsch ist der Herrscher in seinem Revier im Wald.
Die Lichtung, das Dickicht, hier ist er zu Haus,
seine Lust auf das Leben, er brüllt sie hinaus.
Doch dann kommt der Herbst und gibt die Jagdsaison frei.
Ein einziger Schuss und zu Boden sinkt das Geweih.

Verfallene Mauern, Ruinen vergangener Zeit.
Als Trutzburg errichtet zum Schutz für die Ewigkeit,
auf turmhohen Felsen mit Blick übers Tal
überstand sie Kämpfe so manches Mal.
Doch jetzt wächst aus Mauern das Moos, die Burg ist zerstört.
So nimmt die Natur sich zurück, was ihr gehört.

Ich wollte dir noch so viel sagen,
ich wollte dich über dein Leben befragen.
Ich dachte nicht, dass du jetzt schon gehst – und mir so fehlst.

Noch gestern saßen wir schweigend beisammen
wie so oft, wenn wir zusammenkamen.
Oft fehlte uns beiden das richtige Wort – und ich ging fort.

Was du errichtest, worauf du dich beziehst
und worin du den Sinn deines Lebens siehst,
was du kreierst, was du dir erbaust,
ob du Schlösser bewohnst, in Erdlöchern haust.
Was du besitzt und mit wem du es teilst,
ob du Schmerzen zufügst oder Wunden heilst,
ob du Hegel kennst, ob du Bücher schreibst
und dein Leben lang ein Lernender bleibst,
ob du aufstehst und kämpfst oder ob du dich fügst,
ob du gleichgültig bist oder dich nur betrügst,
hast du für dein Leben eine Idee, einen Plan –
die Erde verlässt trotzdem niemals ihre Bahn.

„Jede Musik kommt von Gott."
Johnny Cash

Abschiedslied

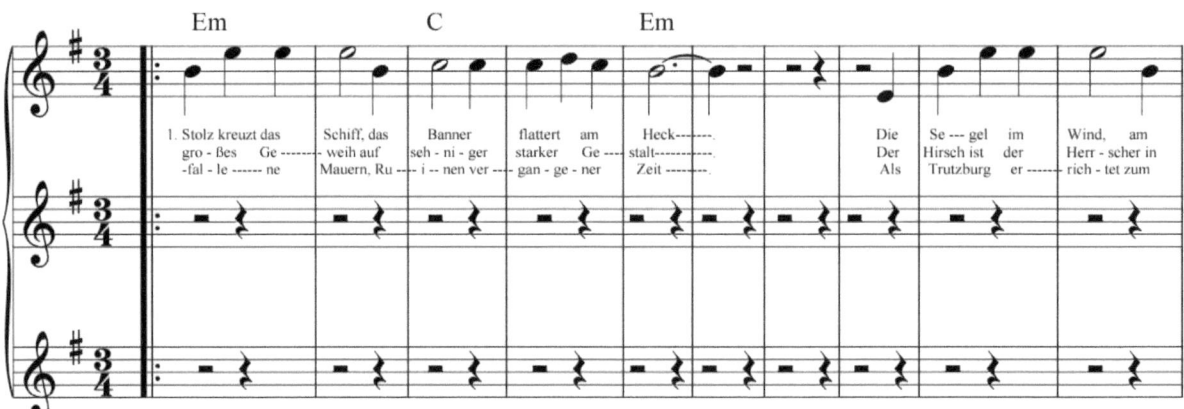

1. Stolz kreuzt das Schiff, das Banner flattert am Heck. Die Se-gel im Wind, am
gro-ßes Ge-weih auf seh-ni-ger starker Ge-stalt. Der Hirsch ist der Herr-scher in
-fal-le-ne Mauern, Ru-i-nen ver-gan-ge-ner Zeit. Als Trutzburg er-rich-tet zum

Bug schäumt die Gischt ü-bers Deck. Es fährt schon seit lan-gem, es fährt je-des Jahr, es
sei-nem Re-vier im Wald. Die Lichtung, das Dickicht, hier ist er zu Haus, seine
Schutz für die E-wig-keit. auf turm-ho-hen Fel-sen mit Blick ü-bers Tal, über-

Huuu --------------------------------- uuuh

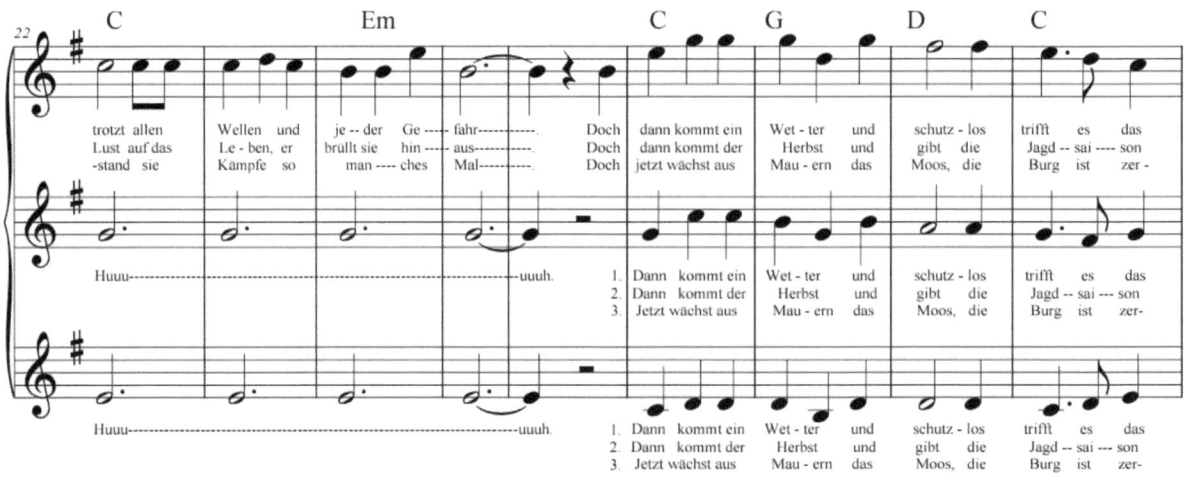

trotzt allen Wellen und je-der Ge-fahr. Doch dann kommt ein Wet-ter und schutz-los trifft es das
Lust auf das Le-ben, er brüllt sie hin-aus. Doch dann kommt der Herbst und gibt die Jagd-sai-son
-stand sie Kämpfe so man-ches Mal. Doch jetzt wächst aus Mau-ern das Moos, die Burg ist zer-

Huuu --------------------------------- uuuh.

1. Dann kommt ein Wet-ter und schutz-los trifft es das
2. Dann kommt der Herbst und gibt die Jagd-sai-son
3. Jetzt wächst aus Mau-ern das Moos, die Burg ist zer-

Huuu --------------------------------- uuuh.

1. Dann kommt ein Wet-ter und schutz-los trifft es das
2. Dann kommt der Herbst und gibt die Jagd-sai-son
3. Jetzt wächst aus Mau-ern das Moos, die Burg ist zer-

40

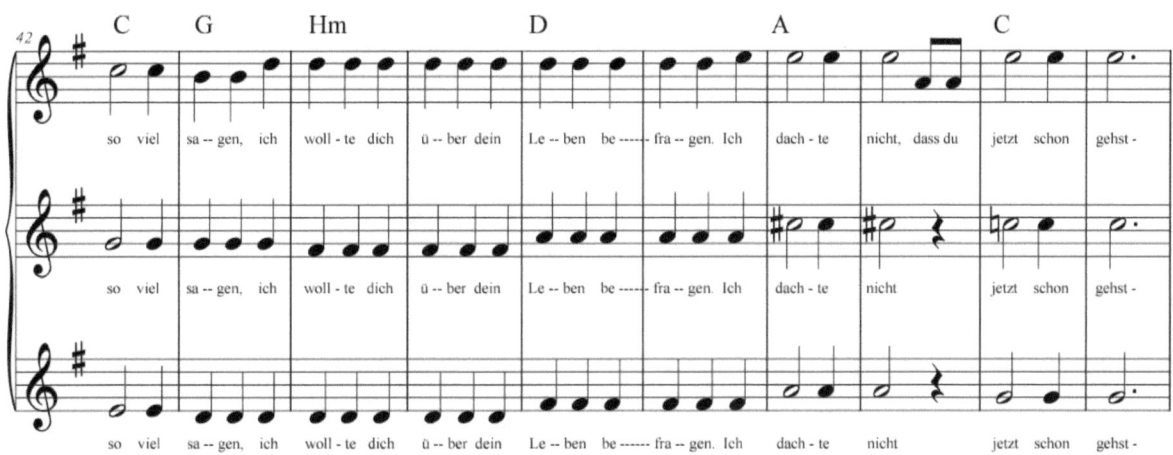

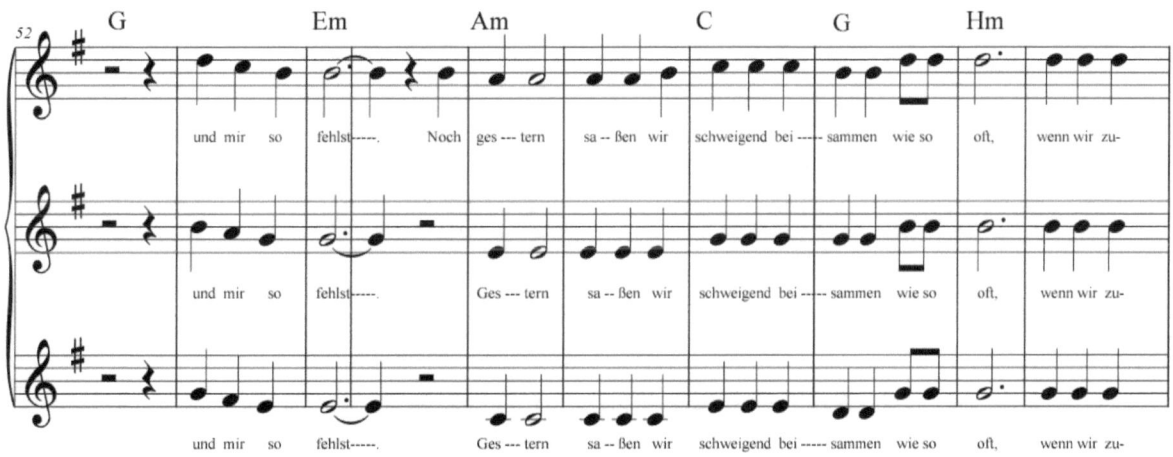

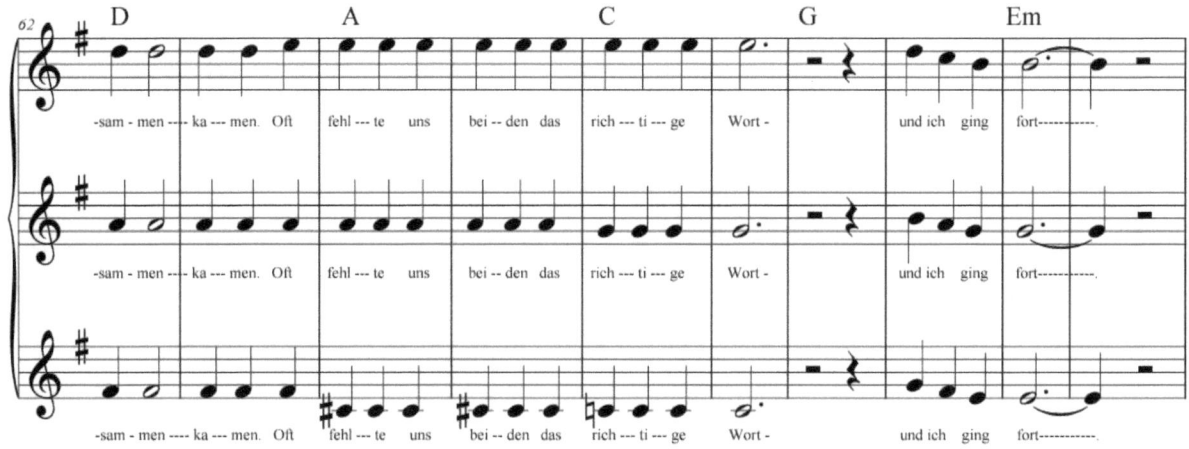

42

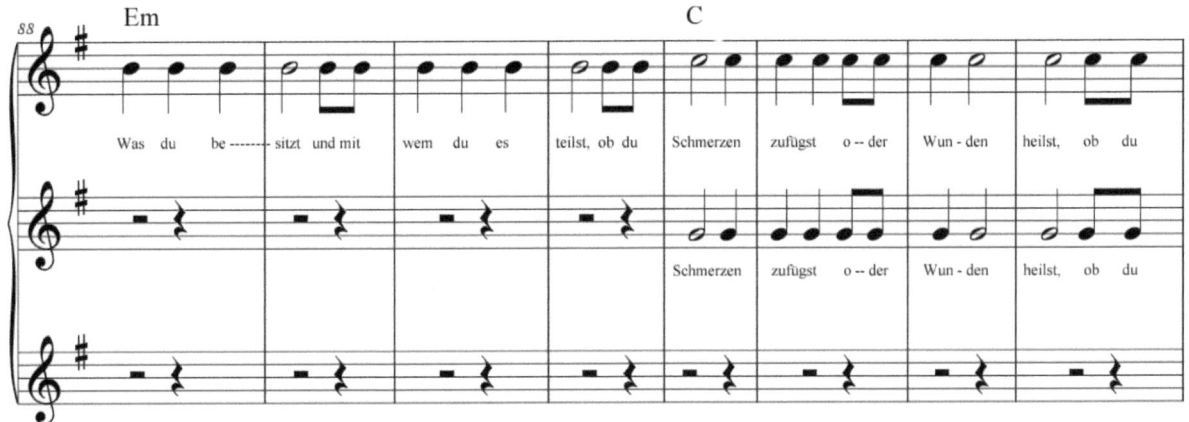

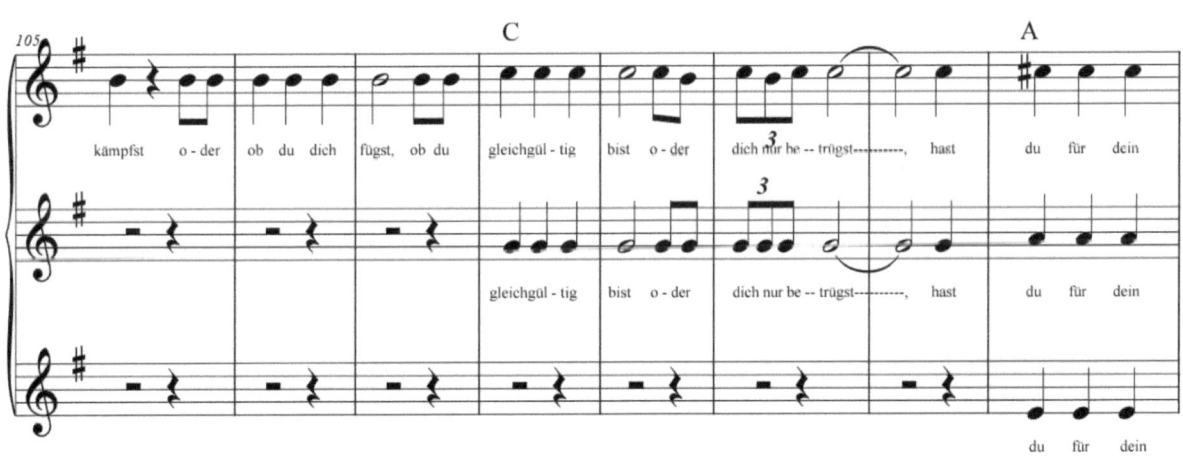

43

„*Musiker sind nicht eitel – sie bestehen aus Eitelkeit; die Eitelkeit ist ein lebensnotwendiger Bestandteil ihres Wesens.*"
Kurt Tucholsky

Salome

Als „Happy Jack" einen Auftritt in der Dortmunder Schauburg hatten, kam kurz vor dem Termin Claes mit einer neuen Liedidee zu uns, nämlich „Baker Man". Das ist so etwa das Unangenehmste, was man einer Gruppe antun kann, die gerade mit viel Probenaufwand ein abendfüllendes Programm einstudiert hat. Gleichwohl und Gott sei Dank haben wir den Bäcker eingeübt und seitdem gehört das Werk zu unseren Standards, weil der Song textlich und musikalisch einfach stimmig ist. Es geht um den alttestamentarischen Vertreter dieser Zunft am Hof des Pharaos zur Zeit Josephs in Ägypten. Die Bibel bietet endlos viel gutes Material für Bearbeitungen jeder Art, wie man an der Fülle von Filmen, bildender Kunst oder musikalischen Werken ablesen kann.

Sehr viel häufiger als der pharaonische Konditormeister taucht Salome auf, und das kann auch kaum verwundern. Eine schöne Tänzerin am Hofe, Tochter des Herodias, die mit ihren Reizen alle betört und als Dank dafür verlangen kann, was sie will, quasi eine Wunschflatrate. Und was will sie haben? Den Kopf von Johannes dem Täufer. So viel Grausamkeit, Sex, Intrige, das musste etliche Kulturschaffende inspirieren. Gustave Flaubert und Oscar Wilde etwa mit ihren literarischen Werken, die Malerei von Benozzo Gozzoli, Tizian, natürlich Caravaggio, Edvard Munch und so weiter. Richard Strauss und Antoine Mariotte nutzten die Vorlage von Wilde als Partitur zu ihren Opern, Robert Stolz schrieb wie so viele andere ein Lied über die Dame.

„Baker Man" gab in mehrfacher Hinsicht die Anregung, nicht nur thematisch, sondern auch mit der beginnenden Akkordfolge. Ganz entscheidend geprägt wurde alles aber durch den elegischen Harmoniegesang im Finale von „The Only Living Boy In New York" des Duos Simon & Garfunkel.

Am Königsthron, aus dem Harem hergebracht,
sie schwebt im Tanz, sie spürt die Wirkung, ihre Macht.
Der König schaut sie voll Verlangen an.
Und niemand im Palast der sich verweigern kann.
Sie lebt für dieses Gefühl,
sie weiß genau was sie will.
Salo-o-me-e, Salo-o-me.

Es ist vorbei, sie kniet vor dem Thron.
Der König ist bereit, er fragt nach ihrem Lohn.
Sie kann verlangen, was sie will.
Es ist für sie nur ein Spiel.
Salo-o-me-e, Salo-o-me-e-e-e-e.

Was sie will wird ihr gewährt.
Was ist ein Menschenleben wert?
Salo-o-me-e, Salo-o-me-e-e-e-e.

Salome

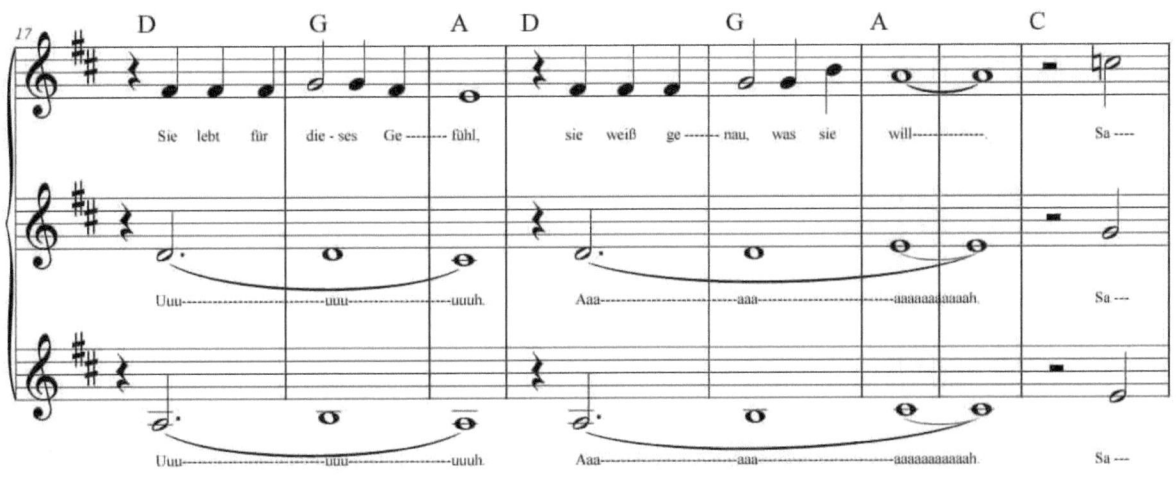

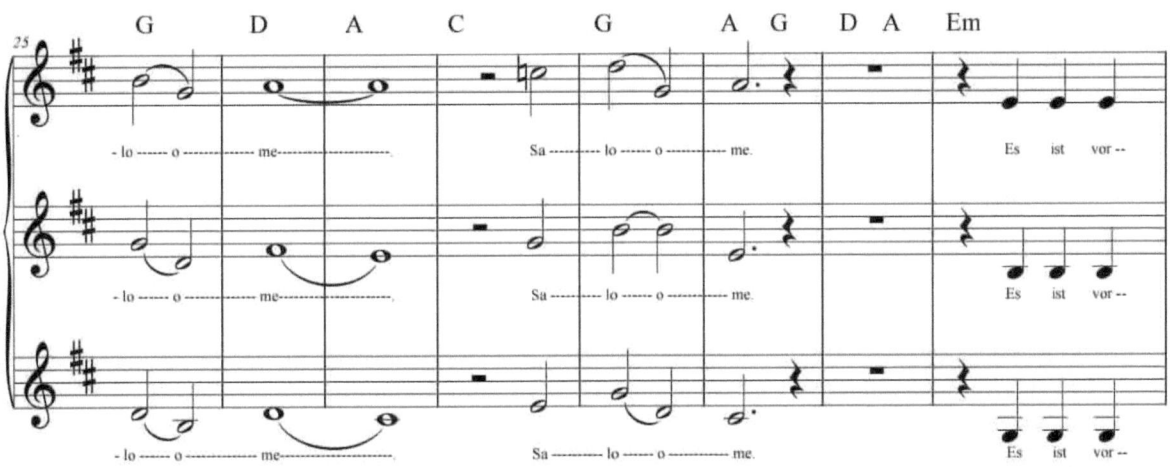

47

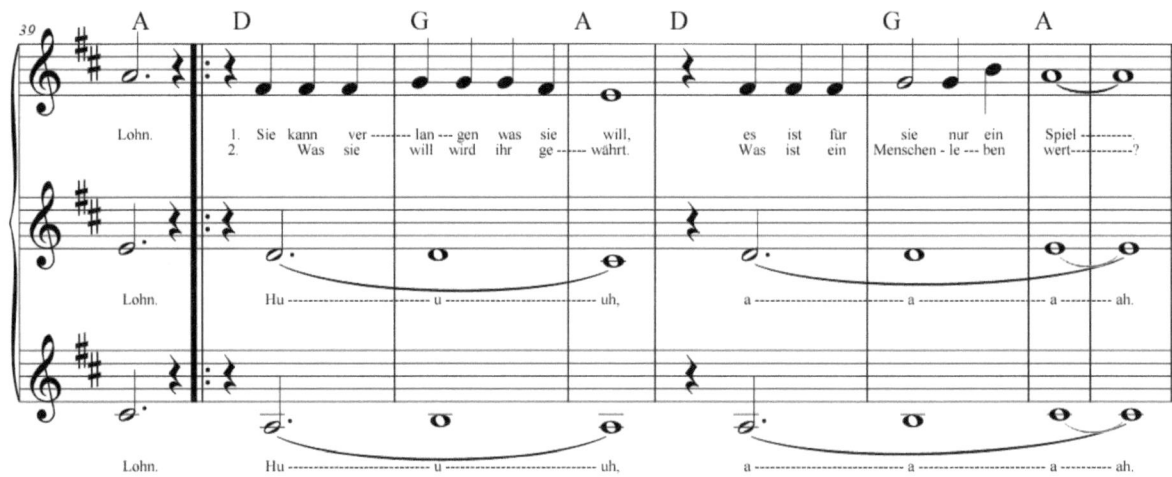

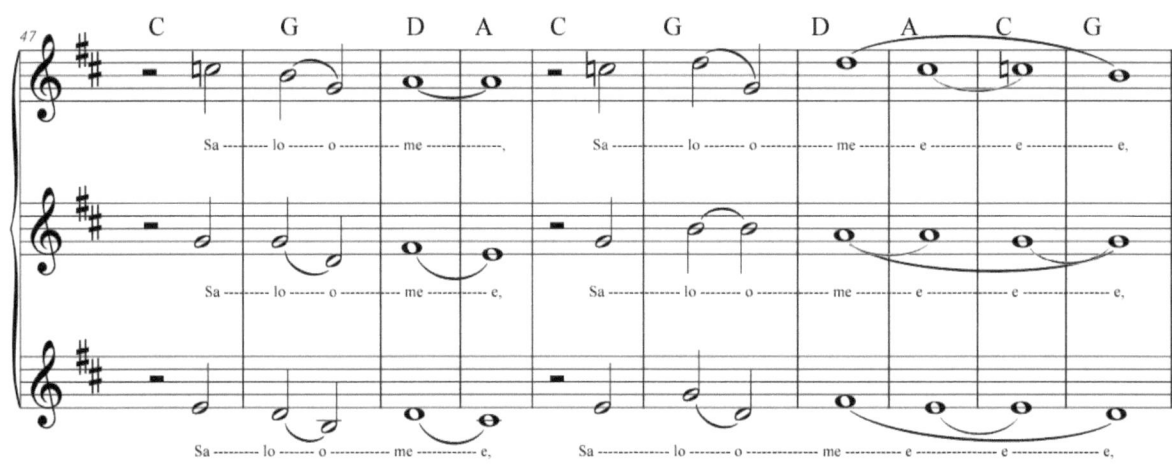

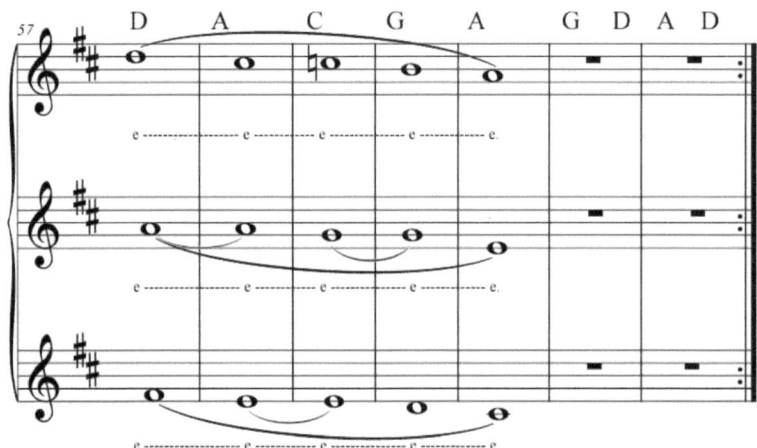

„Über Musik zu reden ist, wie über Architektur zu tanzen"
Frank Zappa

48

Sportcoupé (Baba umm ba ba)

Lässig aus dem Fenster gelehnt, brüllende Motoren, halbwüchsiges Imponiergehabe, PS-Gläubigkeit – als ich den Text schrieb, war mir unvorstellbar, dass so viel Übertreibung ernstgenommen werden könnte. Heute haben viele Orte, insbesondere Dortmund, mit illegalen Straßenrennen und nächtlichem Motorenlärm zu kämpfen.

In den 60er und 70er Jahren, also in der Phase meiner musikalischen Sozialisation, waren die deutschen „Schlagerfuzzis" und „Möchtegern-Rock`n-Roller" völlig totgesagt. Ted Herold, Freddy Quinn, Bill Ramsey, Gus Backus – wer so etwas hörte, war einfach nicht auf der Höhe der Zeit. Sehr viel später, erst in den 90er Jahren, erschloss sich mir, dass hier zum Teil wirklich gute Arbeit mit manchmal hervorragenden Arrangements abgeliefert worden war. Und mit einer gehörigen Portion Humor kann man heute sogar viele dieser Lieder auf die Bühne bringen, was Peter Kraus etwa mit seinen eigenen Frühwerken bis ins hohe Alter tat.

So etwas hatte ich mir vorgestellt für „Sportcoupé". Die gängigen Themen des 50er Rock waren Mädchen, Surfen und Autos. Daher die Lyrics. Und neben den typischen Akkorden gehörte ein Backgroundchor dazu. Brrrmpapapapa klingt`s bei Peter Kraus – wunderbar, exakt so muss es sein!

Mein Chef macht Stress, meine Frau schlägt Krach,
ich kann nicht schlafen, liege ständig wach.
Ich weiß vor Sorgen nicht mehr ein noch aus,
man bringt mich noch in ein Irrenhaus.
Doch kaum sitz ich in meinem Sportcoupé
geht es ab, und dann tut mir überhaupt nichts weh. Baba ummm ba ba.....

Ich drück aufs Gaspedal, die Maschine brüllt,
die ganze Straße ist von diesem Sound erfüllt.
Erster Gang, Blick zurück und die Kupplung kracht,
als der Bock einen Riesensatz nach vorne macht.
Ich feg mit 100 km/h auf die A 2,
erst auf der Autobahn bin ich wirklich frei. Baba ummm ba ba…

Lässig hängt mein Arm heraus,
ich seh so cool mit meiner Sonnenbrille aus.
Allen Bräuten bleibt der Atem stehn,
wenn sie mich mit meinem Superschlitten sehn.
Breite Pellen und die Karre tiefgelegt –
ist doch klar, dass die Mädels das erregt! Baba ummm ba ba…

Sportcoupè (Baba umm ba ba)

„Ich verstehe nichts von Musik. In meinem Fach ist das nicht nötig.“
Elvis Presley

Schlafe ruhig, es wird schon gut

Dieses ist eine jüngere Produktion und verbindet etliche Einflüsse. Einer der Impulse kam von einer Melodie, deren Schöpfer mir namentlich nicht bekannt ist, weil ich sie nur einmal im Radio gehört habe. Die Gruppe verstand es, harten Heavy-Rock mit irischen Folkloreklängen zu verbinden. Im Mittelteil gab es ein Instrumental, dass von E-Gitarre und am Keyboard produzierten Flöten getragen wurde und mich sofort veranlasste, daraus einen a-capella Gesang abzuleiten. Eine wirkliche Liedidee oder gar Worte gab es noch nicht, aber der Dreisatzgesang ließ mich nicht los und verfolgte mich Tag und Nacht. Nach und nach entstanden Bilder, die meiner Meinung nach dazu passten, von alten, kleinen Hütten mit Kaminfeuer in weiten, englischen Landschaften. Vorbilder gab es reichlich, zum Beispiel Fairport Convention mit der großartigen und viel zu früh verstorbenen Sandy Denny, oder Richard Thompson, der auch in den Anfangstagen bei Fairport Convention mitgewirkt hat, mit seinem wunderbarer Song „Dimming of the Day". Nicht vergessen sollte man Hannes Wader und die deutschen Liedermacher. So entwickelten sich die Lyrics nahezu ganz von alleine, und innerhalb von drei oder vier Tagen war alles komplett. Fehlte nur noch das Arrangement für die Vocals. Das funktioniert für einen Nichtmusiker sehr mathematisch, nämlich indem ich mir die Gitarre nehme und die Akkorde über die Hauptmelodie schreibe. Damit sind die sogenannten „Schweineterzen" klar, also der Dreiklang, der sich auch in den Gitarrengriffen spiegelt.

Das Ergebnis habe ich am gleichen Tag zuerst meiner Frau vorgestellt und war total erleichtert, als sie sich so sehr angetan zeigte, dass sie überlegte, es in ihr Programm aufzunehmen. Und nein, es ist kein Trennungslied. Viel mehr eines über Freiheit, Sehnsucht und die Unveränderlichkeit vieler Abläufe in der Natur, trotz aller Bemühungen des Menschen, in diese störend einzugreifen. Also ein positives, heiteres Lied, so wie in vielen irischen Balladen der Spagat zwischen Schwermut und Lebensfreude gelingt.

Siehst du die Wolken und riechst du den Schnee? Spürst du den kalten Wind?
Komm zum Kamin, in die Stube, zum Tee, spür`n wie lebendig wir sind.
Wir vergessen die Zeit und bilden uns ein
es gäbe kein Ende, doch nur so zum Schein, zum Schein.
Und es teilt die Gezeiten der stoische Mond, teilt sie in Ebbe und Flut.
Niemand kann sagen, ob morgen noch kommt. Schlafe ruhig, es wird schon gut.
Schlafe ruhig, es wird schon gut.

Bleibe bei mir, es wird dunkel und kalt, leg dich in meinen Arm.

Nur ein paar Stunden, der Morgen kommt bald, halte mich fest und warm.

Viele Tage und Nächte, goldener Wein,

und jedes Mal wieder am Ende allein, allein.

Und es teilt die Gezeiten der stoische Mond, teilt sie in Ebbe und Flut.

Niemand kann sagen, ob morgen noch kommt. Schlafe ruhig, es wird schon gut.

Schlafe ruhig, es wird schon gut.

Längst bist du fort und dein Teeglas ist leer. Es riecht überall nach dir.

Ich schau aus dem Fenster, das Herz wird mir schwer – ich hätt` dich so gern bei mir.

Im Kamin ist das Feuer lange schon aus.

Ich schließe die Fenster und wünsche du kämst – nach Haus.

Und es teilt die Gezeiten der stoische Mond, teilt sie in Ebbe und Flut.

Niemand kann sagen, ob morgen noch kommt. Schlafe ruhig, es wird schon gut.

Schlafe ruhig, es wird schon gut.

„Am Ende wird alles gut sein. Wenn es nicht in Ordnung ist, ist es nicht das Ende."
John Lennon

Schlafe ruhig, es wird schon gut

teilt die Ge--zei-ten der sto---i--sche Mond, teilt sie in Eb--be und Flut------------- Niemand kann sa--gen, ob

teilt die Ge--zei-ten der sto---i--sche Mond, teilt sie in Eb--be und Flut----------- Niemand kann sa--gen, ob

teilt die Ge----zei-ten der sto---i--sche Mond, teilt sie in Eb-be und Flut----------- Niemand kann sa--gen, ob

morgen noch kommt, schlafe ru--hig, es wird schon gut----------, schla-fe ru-hig, es wird schon gut-------------

morgen noch kommt, schlafe ru--hig, es wird schon gut----------, schla-----------------fe--e gut------------

morgen noch kommt, schlafe ru--hig, es wird schon gut----------, schla---------------------fe gut-----------

„Wenn ich die Stones heute erlebe mit ihren drei Akkorden und den Jagger mit seinem Stechschritt, frag' ich mich schon, was die Leute immer noch so toll daran finden. Vielleicht geht es gar nicht um die Musik, sondern darum, dass Mick Jagger für sein Alter erstaunlich fit über die Bühne hopst."
Paul Kuhn

Sinneswandel

Ein beliebtes Spiel aus der Kindheit war das Teekesselchen. Es ging darum, die Mitspieler einen Begriff raten zu lassen, der zwei verschiedene Bedeutungen haben konnte, also ein sogenanntes Polysem, so wie Kiefer, Anhänger oder Barren. Dabei wurde das zu erratende Wort jeweils durch einen Platzhalter, nämlich das „Teekesselchen", ersetzt. Warum ausgerechnet dieses alberne Wort, ist mir nie ganz klar geworden. Das ist nicht das einzige ungelöste Mirakel aus Grundschulzeiten. Im Abzählvers „Hinter einer Waschmaschine – lag eine Apfelsine. Wie sah sie wohl aus?" musste man, wenn man ausgezählt wurde, eine Farbe nennen. Wenn sie richtig geraten wurde, hatte man gewonnen. Nie habe ich die korrekte Farbe herausgefunden! Und das sind nicht die einzigen ungelösten Rätsel. Als katholisch erzogenes Kind wurde mir beigebracht, abends zu beten. Wenn meine Eltern geahnt hätten, dass ich meistens die Gelegenheit nutzte, um Gott um die Lösung dieser Fragen anzuflehen, hätten sie sicherlich an der Ernsthaftigkeit meiner Gebete gezweifelt. Übrigens bin ich nicht erhört worden. Ob das der Grund dafür ist, dass die Regelmäßigkeit meiner abendlichen Gespräche mit Gott immer mehr nachließ?

Wieder einmal ist es einer Schulklasse zu verdanken, dass sie mir während einer Klausuraufsicht die Gelegenheit gab, diese belanglosen Reime zu finden. Sozusagen ein Teekesselchen mit Noten. Der Text ist etwa zwanzig Jahre alt und hatte ursprünglich eine völlig andere Melodie, die sich im Laufe der Jahre aber immer weiter verändert hat. Die jetzige Gestalt ist schließlich durch das dreistimmige Arrangement erzwungen worden.

Ein Jüngling, voller Liebeswahn,
bricht Rosen seiner Liebsten an.
Und anzubrechen ist nicht schade,
eine Tafel Schokolade.
Der Ritter geht voll Mut auf's Ganze
und bricht für seine Maid die Lanze.
Doch furchtbar ist, nach langem Zechen,
muss jemand sich hernach erbrechen!

Die kranken Bäume und die schrägen
sind wohl beizeiten abzusägen.
Und mancher spielt, ich weiß nicht wie,
auf Sägen eine Melodie.
Ja, auch der Chef und die Kollegen
belieben, Manchen abzusägen.
Doch grausam man am Schicksal trägt,
wenn nachts der Ehepartner sägt.

Im Urlaub will man doch nicht sparen,
vielmehr in ferne Länder fahren.
Es zeigt den Kerl, den echten, harten,
er trotzt Gefahren aller Arten.
Wir fahren Straßenbahn und Bus,
weil man die Umwelt schonen muss.
Doch ekelhaft ist das Gebaren,
lässt neben dir man einen fahren!

Es knackt den geldgefüllten Schrank
der Panzerknacker bei der Bank.
Im Wald, da knackt bei jedem Schritt
das alte Holz, auf das man tritt.
Ganz einfach schwere Rätsel knackt,
wer sich nicht scheut und Google fragt.
Doch übel geht`s fürs Knacken aus,
streicht man bei ihm das „n" heraus.

„Popmusik handelt davon, dass alles okay ist, während Rockmusik davon erzählt, dass nichts okay ist, du es aber ändern kannst."
Bono (Paul David Hewson)

Sinneswandel

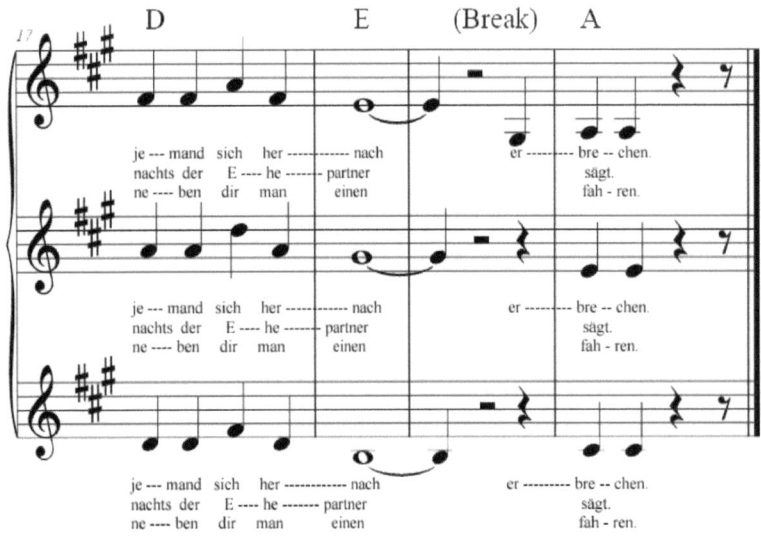

„Das älteste, echteste und schönste Organ der Musik, das Organ, dem unsere Musik allein ihr Dasein verdankt, ist die menschliche Stimme."
Richard Wagner

„Es gibt keine einzige Musik der Welt, die sich selbst so erniedrigt, wie der Schlager."
Götz Alsmann

Stell dich nicht so an

Manche Musiker behaupten, Texte zu schreiben fiele am leichtesten, wenn man sich in einer extremen Gefühlslage befinde. Liebeskummer könne zum Beispiel großartige Lyrik hervorbringen. Wenn wir möglicherweise tatsächlich so manche Perle des Liebesliedes dem Umstand verdanken, dass ihr jeweiliger Schöpfer eine tiefe Krise durchlebte, wage ich doch, die Allgemeingültigkeit dieser Voraussetzung anzuzweifeln.

Nichtsdestoweniger entstanden die folgenden Zeilen in einer sehr schwierigen Zeit und waren so etwas wie der Versuch, mir selber Mut zu machen. Das ist etwa zwanzig Jahre her und es gab eine Melodie dazu, die mir aber völlig entfallen ist. Also wurden die Noten und das mehrstimmige Arrangement neu dazu erfunden. Vermutlich änderte damit eine ursprünglich schwermütige Weise den Charakter und entwickelte sich zu diesem leichten, hüpfenden Song. Letztlich entspricht das doch auch besser der „Botschaft", den Mut nicht zu verlieren und sich selbst nicht zu wichtig zu nehmen.

Den eine Tag geht alles schief, am nächsten geht`s dir schlecht.
Und kein Mensch, der dir weiterhilft, und keiner macht`s dir recht.
Wenn du dich aus dem Bett erhebst, die Wohnung kalt und leer.
Und nur weil du alleine lebst fällt Aufsteh`n dir schon schwer.
Eines Tages, wenn du grad nicht daran denkst,
dich nur selbst beweinst und am Abgrund hängst,
steht das Glück vor dir, lass es einfach zu, stell dich nicht so an.
Denk nicht lange nach, lass dich darauf ein,
das Glück kommt nicht so oft und lädt nur einmal ein –
und fang was Neues an.

Wenn Nebel in den Straßen liegt und Kälte dich durchdringt,
wenn alles aus den Fugen geht und nichts dir mehr gelingt,
dann freu dich auf den nächsten Tag, schau einfach nicht zurück,
im trüben Nebel hinter dir wartet schon das Glück.
Eines Tages, wenn du grad nicht daran denkst...

Den einen Tag schimpfst du aufs Glück, am nächsten tut`s dir leid.
Nimm einfach deine Chancen wahr, das Glück weiß schon Bescheid.
Eines Tages, wenn du grad nicht daran denkst...

Stell dich nicht so an

„*Es ist nicht schwer zu komponieren. Aber es ist fabelhaft schwer, die überflüssigen Noten unter den Tisch fallen zu lassen.*"
Johannes Brahms

Der Weg war weit

Was ist ein Plagiat? In der Musik eine schwer zu beantwortende Frage, die schon zu vielen Urheberstreitigkeiten geführt hat. Selbst große Namen und weltbekannte Songs wurden davon nicht ausgenommen. Man denke nur an „Stairway to Heaven" von Led Zeppelin oder „My Sweet Lord" von George Harrison. Es ist einfach nicht zu vermeiden, dass in Kompositionen alle Erfahrungen einfließen und alle Melodien sich spiegeln, die wir im Laufe des Lebens gesammelt haben. Selbst bei besten Absichten können dann Fragmente auftauchen, die an bereits vorhandene Lieder erinnern.

„Der Weg war weit" wurde im Sommer 2022 geschrieben in Erinnerung an eine alte, früher an manchem Lagerfeuer gesungene Weise, nämlich „Die Dämmerung fällt", 1933 von Albert Christel (1907-1977) geschrieben. Christel hatte als Kommunist und aufgrund seiner sexuellen Orientierung unter Verfolgung zu leiden, saß sogar von 1939 bis 1945 im Konzentrationslager Sachsenhausen. Weil die Spätfolgen dieser Inhaftierung ihm ein bürgerliches Leben nach dem Krieg unmöglich machten, wählte er schließlich den Freitod.

Als ich diese Neuschöpfung zum ersten Mal vor mich hin summte, fiel jemand immer auf die ersten Takte in den Gesang ein. Auf meine Frage, woher diese doch völlig neue Melodie denn bekannt sei, wurde mir gesagt, zumindest die ersten Takte erinnerten doch sehr an „With A Little Help From My Friends" von den Beatles. Das hat mich schon ein wenig stolz gemacht, denn daran gedacht hatte ich überhaupt nicht. War der gute Paul McCartney eben doch etwa 50 Jahre schneller als ich.

Der Text lässt eher Ähnlichkeiten zu Christel als zu McCartney erkennen und ist schwermütig, wahnsinnig symbolisch und hoffentlich nicht allzu überladen. Über die Tonlage war ich mir nicht im Klaren, schließlich umfasst die Hauptstimme einen nicht unerheblichen Umfang. Das muss erst einmal gesungen werden. Nach mehrfachem Transponieren und Ausprobieren schien die vorliegende Version am leichtesten umsetzbar zu sein.

Und vielleicht kann ein Chor auch an den entsprechenden Stellen „Just with a little help from my friends" dagegen singen, zumal der Grundtenor von McCartneys Text gar nicht so weit von „Der Weg war weit" entfernt ist.

Der Weg war weit, so weit,
begonnen vor langer Zeit,
gefühlt eine Ewigkeit.
Im Abendrot
Quellwasser, frisches Brot.
Manchmal ein Wirt, der ein Lager für eine Nacht bot.
Ruhe in tiefer Dunkelheit.

Im ersten Sonnenstrahl
geht es ins nächste Tal.
Neugierig jedes Mal,
wie dieser Tag
uns überraschen mag.
Morgen vorüber, was gestern noch weit vor uns lag.
Zeit ist ein großes Kapital.

Nur wer die Steine spürt,
weiß, wo der Weg hinführt,
wer nicht die Freude verliert.
Wer sich bewegt,
auch schwere Stunden erträgt,
klar ist und offen zu allen und Freundschaften pflegt,
hat sich noch nie im Ziel geirrt.

Dann schließlich, Schritt für Schritt,
abwärts mit müdem Tritt.
Wir nehmen unsagbar viel mit.
Und jeder Ort
lebt in Erinnerung fort.
Jeder Gedanke und jedes verlorene Wort.
Alles vorbei eh` man`s versieht.

„Ja, es ist wahr, ich kann keine Noten lesen. Aber um Erfolg zu haben, muss man die Musik im Kopf haben und sie mit dem Körper singen."
Luciano Pavarotti

Der Weg war weit

Schließ nicht immer alle Türen zu

Dem jüngsten Kind gebührt das Finale. Im Großen und Ganzen entstand es während eines Saunabesuches im Sommerurlaub 2022. In Ermangelung von Stift und Papier – hatte ich tatsächlich nicht mit in die Sauna genommen! – wurde es dann anschließend aufgeschrieben. Die Noten brauchten ebenfalls nur abgerufen zu werden. Manchmal geht alles erstaunlich schnell, während andere Texte mitunter Wochen oder sogar Monate brauchen. Am Gesamtergebnis gab es nur noch geringfügige Änderungen, deutlich schwieriger gestalteten sich die Überlegungen für eine zweite und dritte Stimme.

Im Übrigen sind die Worte ein schöner Beweis dafür, dass man nicht immer darin nach einem tieferen Sinn, einer Botschaft oder Hinweisen zur Lebenssituation des Autors suchen muss. Es ist einfach nur Unsinn, der seinen Anfang mit einer Zeile hatte (Uuuhuhuhuuuh, schließ nicht immer alle Türen zu), die buchstäblich von der Saunadecke fiel. Darum herum entwickelte sich die Geschichte eines überheblichen Möchtegern-Machos, der vor der verschlossenen Tür seiner Angebeteten steht. Und im Refrain mussten die Vokale verarbeitet werden. Leider wäre eine fünfte Zeile ein Bruch im Rhythmus gewesen, deshalb konnte das i keine Berücksichtigung finden. Ich entschuldige mich dafür ausdrücklich beim i.

Sollte jemand unbedingt Inspirationen nachspüren wollen, dann biete ich „Es wird Nacht, Señorita" von Udo Jürgens (1969) an, auch wenn mir diese Ähnlichkeiten erst nach der Fertigstellung bewusst wurden.

Schön wäre ein Solo nach der zweiten Strophe. Das zu entwickeln überlasse ich gewiefteren Gitarristen.

Über eine Stunde bin ich jetzt schon hier,
lauf die Straße auf und ab.
Ich vermute, du stehst hinter deiner Tür
und du lachst dich über mich schlapp.
Was macht dich nur so skrupellos,
weißt du nicht, wie es mir geht?
Gib deinem Herzen einen Stoß,
es ist noch nicht zu spät.
Uuuh huhuuh huuh, schließ nicht immer alle Türen zu!
Heeeh heheeh heeh, siehst du nicht, dass ich vor deinem Fenster steh`?
Aaah hahaah haah, warum benimmst du dich so sonderbar?
Oooh hohooh hooh, sei doch nicht so!

Gestern war es schon genau das gleiche Spiel,
wenn du nur wüsstest, was du verpasst!
Ich bin doch ganz bescheiden, alles was ich will
ist, wovon du im Überfluss hast.
Nur einen einzigen Kuss von dir,
ein warmes Bett für uns zwei!
Lass mich nur herein durch deine Tür,
was ist denn schon dabei?
Uuuh huhuuh huuh…

Solo

Uuuh huhuuh huuh…

Haben kannst du alles, was du willst, von mir,
auch ein echtes Märchenschloss.
Wenn du magst, dann reite ich sogar zu dir
auf einem strahlend weißen Ross.
Darf das Pferd auch mein Moped und
das Schloss meine Bruchbude sein?
Zu viel Prunk ist ungesund!
Nun lass mich endlich rein!
Uuuh huhuuh huuh…

„Ob ich einen Rat für junge Musiker habe? – Tragt immer Kondome!"
Liam Gallagher

Schließ nicht immer alle Türen zu

1. Ü - ber ei - ne Stun - de bin ich jetzt schon hier, lauf' die Stra - - - ße a - - auf und ab. Ich
2. Gestern war es schon ge - nau das gleiche Spiel, wenn du nur wüss - - test was du ver - - - - passt.
3. Ha - ben kannst du al - les was du willst von mir, auch ein ech - - tes Mä - - är - chen - - - - schloss.

Ich ver - - - mu - te, du stehst hin - ter dei - ner Tür, und du lachst dich ü - ber mich schlapp.
bin doch ganz be - schei - den, al - les was ich will, ist wo - von du im Ü - ber - fluss hast.
Wenn du magst, dann rei - te ich so - - - gar zu dir auf ei - nem strah - - lend wei - ei - ßen Ross.

Was macht dich nur so skrupellos, siehst du nicht, wie es mir geht? Gib deinem Her - - - zen
Nur ein ein - zi - - ger Kuss von dir, ein war - - mes Bett für uns zwei! Lass mich nur herein durch
Darf das Pferd auch mein Mo - ped und das Schloss meine Bruch - bu - de sein? Zu viel Prunk ist

Uuuu - - - - - - - - - - - - uuuh, huuu - - - - - - - - uuuh. Heee - - - - - - - - - - - - eeeh, heee - - eeeh. Aaaa - - - - - - - - - - - - - - - aaah,

ei - nen Stoß, es ist noch nicht zu spät! **REFRAIN:** Uuuh huhuuh huuuh. Schließ nicht immer al - le
dei - ne Tür, was ist denn schon da - - - - - - bei?
un - gesund! Nun lass mich end - - - - - lich rein!

aaa - - - - - - - - - - - - aaah, dip dip, dip, dip, Ooooh. Uuuu - - - - - - - - - - uuuh, huuuuuuh. huuuu - - - - - - - - - - - - - - - - uuuh

Türen zu! Heeeh heheeh heeeh, siehst du nicht, dass ich vor dei - nem Fenster steh'? Aaaah hahaaah

Türen zu. Heee - - - - - - - - eeeh heeeh, heee - - - - - - - - - - - - - - - - eeeh Fen - - - ster steh'? Aaaa - - - - - - - - - - - - - - aaah

„Jede künstlerische Leistung ist ein Sieg über die menschliche Trägheit."
Herbert von Karajan

„And in the end the love you take is equal to the love you make."
Paul McCartney

P.S.: Die Zitate von Musikern bzw. über Musik wurden in mühsamer Kleinarbeit zusammengetragen. Leider gibt es, meiner Kenntnis nach, bislang kein Buch, in dem diese gesammelt wurden, aber vielleicht täusche ich mich. Oder es fühlt sich jemand berufen, meine kleine Sammlung als Startkapital für ein solches Werk zu nehmen.

August 2022

HUB

„Hendrix war ein Jahrhundertmusiker und ein blöder Sack, der sein Talent, seine Genialität und seine endlose Kreativität nicht nutzen konnte. Ich sage jetzt nicht, dass die Toten Hosen immer eine Abstinenzlerband gewesen sind. Aber soweit kommen wir hoffentlich nie, Gefahr zu laufen, uns im Schlaf totzukotzen."
Campino

„Höre fleißig auf alle Volkslieder; sie sind eine Fundgrube der schönsten Melodien und öffnen dir den Blick in den Charakter der verschiedenen Nationen. Und lerne frühzeitig die Grundgesetze der Harmonie."
Robert Schumann